AF346647

LA GRÈCE

ET

LA SICILE

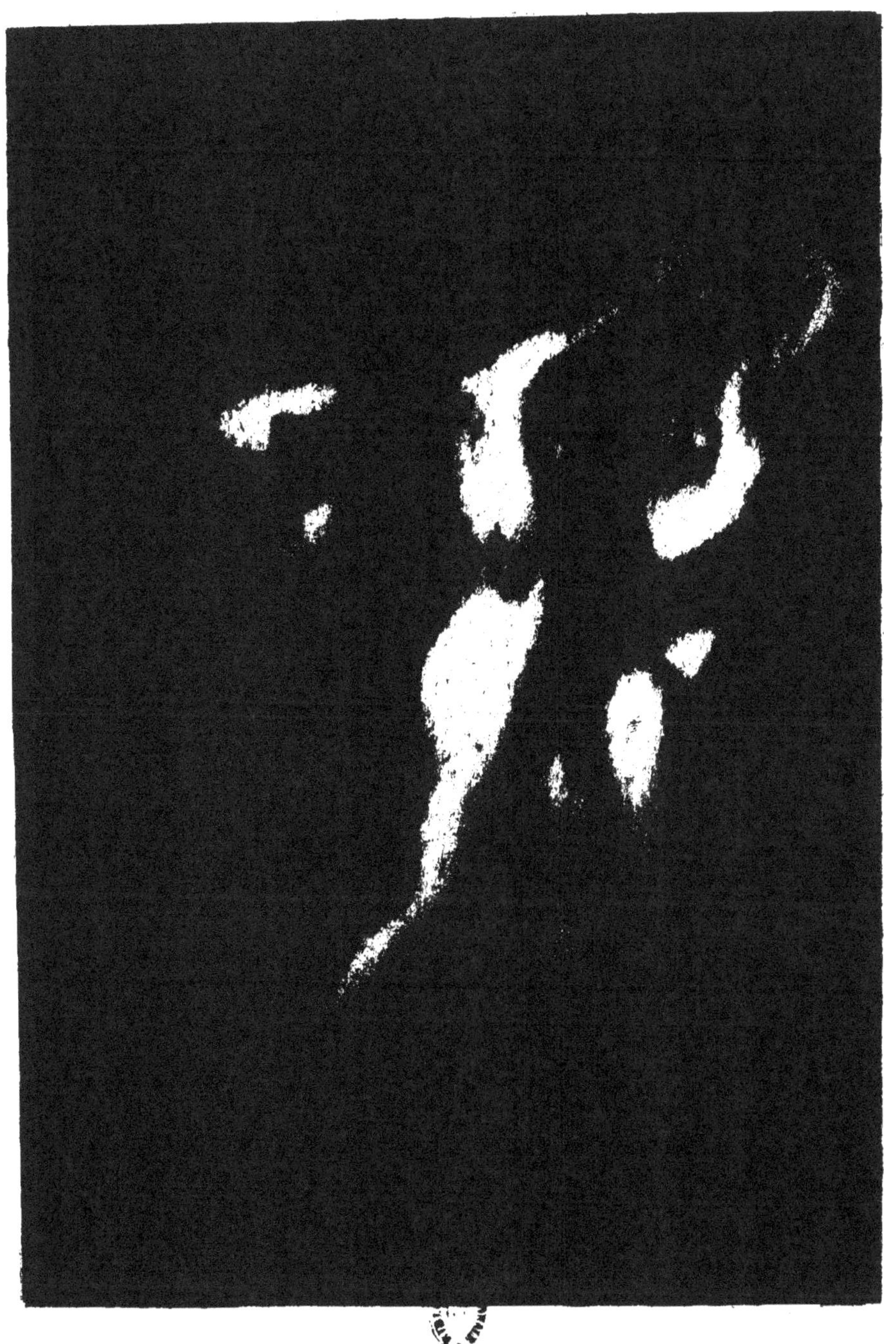

JOSÉ-MARIA DE HEREDIA

LA GRÈCE
ET
LA SICILE

TEXTE INTÉGRAL

ILLUSTRÉ DE CENT DEUX COMPOSITIONS ORIGINALES
DONT VINGT HORS TEXTE EN PLEINE PAGE GRAVÉS A L'EAU-FORTE
EN COULEUR AU REPÉRAGE

PAR

MAURICE DE BECQUE

A PARIS

CHEZ MAURICE DE BECQUE

PEINTRE-GRAVEUR

27, AVENUE DE SUFFREN (VIIe ARR.)

—

MCMXXVI

MANIBVS

CARISSIMAE

ET

AMANTISSIMAE

MATRIS

FILIVS MEMOR

J.M.H.

L'OUBLI

Le temple est en ruine au haut du promontoire.
Et la Mort a mêlé, dans ce fauve terrain,
Les Déesses de marbre et les Héros d'airain
Dont l'herbe solitaire ensevelit la gloire.

Seul, parfois, un bouvier menant ses buffles boire,
De sa conque où soupire un antique refrain
Emplissant le ciel calme et l'horizon marin,
Sur l'azur infini dresse sa forme noire.

La Terre maternelle et douce aux anciens Dieux
Fait à chaque printemps, vainement éloquente,
Au chapiteau brisé verdir une autre acanthe;

Mais l'Homme indifférent au rêve des aïeux
Écoute sans frémir, du fond des nuits sereines,
La Mer qui se lamente en pleurant les Sirènes.

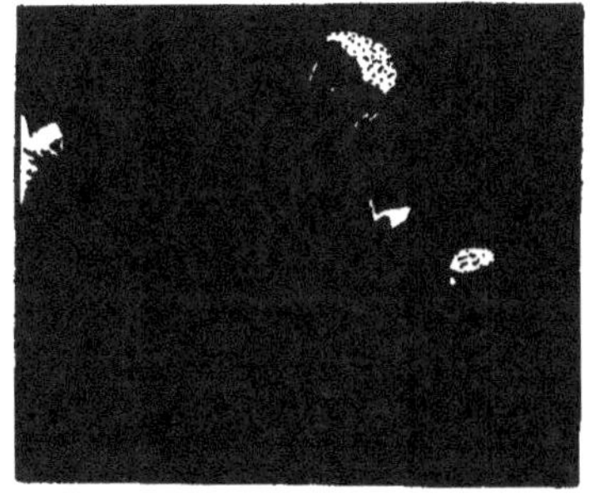

HERCULE
ET LES CENTAURES

NÉMÉE

DEPUIS que le Dompteur entra dans la forêt
     En suivant sur le sol la formidable empreinte,
Seul, un rugissement a trahi leur étreinte.
Tout s'est tu. Le soleil s'abîme et disparaît.

A travers le hallier, la ronce et le guéret,
Le pâtre épouvanté qui s'enfuit vers Tirynthe
Se tourne, et voit d'un œil élargi par la crainte
Surgir au bord des bois le grand fauve en arrêt.

Il s'écrie. Il a vu la terreur de Némée
Qui sur le ciel sanglant ouvre sa gueule armée,
Et la crinière éparse et les sinistres crocs ;

Car l'ombre grandissante avec le crépuscule
Fait, sous l'horrible peau qui flotte autour d'Hercule,
Mêlant l'homme à la bête, un monstrueux héros.

STYMPHALE

Et partout devant lui, par milliers, les oiseaux,
De la berge fangeuse où le Héros dévale,
S'envolèrent, ainsi qu'une brusque rafale,
Sur le lugubre lac dont clapotaient les eaux.

D'autres, d'un vol plus bas croisant leurs noirs réseaux,
Frôlaient le front baisé par les lèvres d'Omphale,
Quand, ajustant au nerf la flèche triomphale,
L'Archer superbe fit un pas dans les roseaux.

Et dès lors, du nuage effarouché qu'il crible,
Avec des cris stridents plut une pluie horrible
Que l'éclair meurtrier rayait de traits de feu.

Enfin, le Soleil vit, à travers ces nuées
Où son arc avait fait d'éclatantes trouées,
Hercule tout sanglant sourire au grand ciel bleu.

NESSUS

Du temps que je vivais à mes frères pareil
  Et comme eux ignorant d'un sort meilleur ou pire,
Les monts Thessaliens étaient mon vague empire
Et leurs torrents glacés lavaient mon poil vermeil.

Tel j'ai grandi, beau, libre, heureux, sous le soleil ;
Seule, éparse dans l'air que ma narine aspire,
La chaleureuse odeur des cavales d'Épire
Inquiétait parfois ma course ou mon sommeil.

Mais depuis que j'ai vu l'Épouse triomphale
Sourire entre les bras de l'Archer de Stymphale,
Le désir me harcèle et hérisse mes crins ;

Car un Dieu, maudit soit le nom dont il se nomme !
A mêlé dans le sang enfiévré de mes reins
Au rut de l'étalon l'amour qui dompte l'homme.

LA CENTAURESSE

Jadis, à travers bois, rocs, torrents et vallons,
Errait le fier troupeau des Centaures sans nombre;
Sur leurs flancs le soleil se jouait avec l'ombre;
Ils mêlaient leurs crins noirs parmi nos cheveux blonds.

L'été fleurit en vain l'herbe. Nous la foulons
Seules. L'antre est désert que la broussaille encombre;
Et parfois je me prends, dans la nuit chaude et sombre,
A frémir à l'appel lointain des étalons.

Car la race de jour en jour diminuée
Des fils prodigieux qu'engendra la Nuée,
Nous délaisse et poursuit la Femme éperdument.

C'est que leur amour même aux brutes nous ravale ;
Le cri qu'il nous arrache est un hennissement,
Et leur désir en nous n'étreint que la cavale.

CENTAURES ET LAPITHES

L^A foule nuptiale au festin s'est ruée,
    Centaures et guerriers ivres, hardis et beaux ;
Et la chair héroïque, au reflet des flambeaux,
Se mêle au poil ardent des fils de la Nuée.

Rires, tumulte... Un cri !... L'Épouse polluée
Que presse un noir poitrail, sous la pourpre en lambeaux
Se débat, et l'airain sonne au choc des sabots
Et la table s'écroule à travers la huée.

Alors celui pour qui le plus grand est un nain,
Se lève. Sur son crâne, un mufle léonin
Se fronce, hérissé de crins d'or. C'est Hercule.

Et d'un bout de la salle immense à l'autre bout,
Dompté par l'œil terrible où la colère bout,
Le troupeau monstrueux en renâclant recule.

FUITE DES CENTAURES

Ils fuient, ivres de meurtre et de rébellion,
Vers le mont escarpé qui garde leur retraite;
La peur les précipite, ils sentent la mort prête
Et flairent dans la nuit une odeur de lion.

Ils franchissent, foulant l'hydre et le stellion,
Ravins, torrents, halliers, sans que rien les arrête;
Et déjà, sur le ciel, se dresse au loin la crête
De l'Ossa, de l'Olympe ou du noir Pélion.

Parfois, l'un des fuyards de la farouche harde
Se cabre brusquement, se retourne, regarde,
Et rejoint d'un seul bond le fraternel bétail ;

Car il a vu la lune éblouissante et pleine
Allonger derrière eux, suprême épouvantail,
La gigantesque horreur de l'ombre Herculéenne.

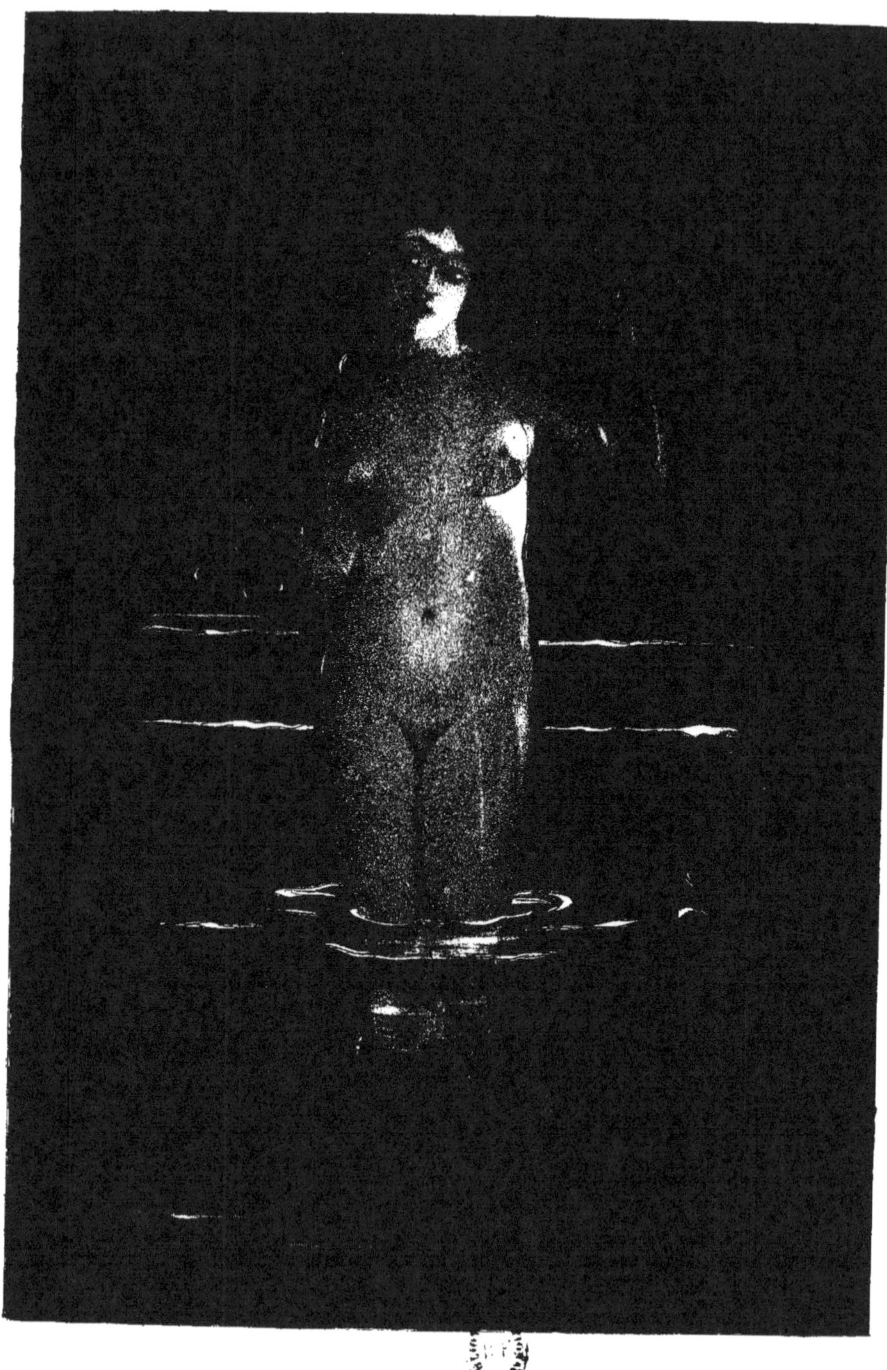

LA NAISSANCE D'APHRODITÉ

Avant tout, le Chaos enveloppait les mondes
Où roulaient sans mesure et l'Espace et le Temps;
Puis Gaia, favorable à ses fils les Titans,
Leur prêta son grand sein aux mamelles fécondes.

Ils tombèrent. Le Styx les couvrit de ses ondes.
Et jamais, sous l'éther foudroyé, le Printemps
N'avait fait resplendir les soleils éclatants,
Ni l'Été généreux mûri les moissons blondes.

Farouches, ignorants des rires et des jeux,
Les Immortels siégeaient sur l'Olympe neigeux.
Mais le ciel fit pleuvoir la virile rosée;

L'Océan s'entr'ouvrit, et dans sa nudité
Radieuse, émergeant de l'écume embrasée,
Dans le sang d'Ouranos fleurit Aphrodité.

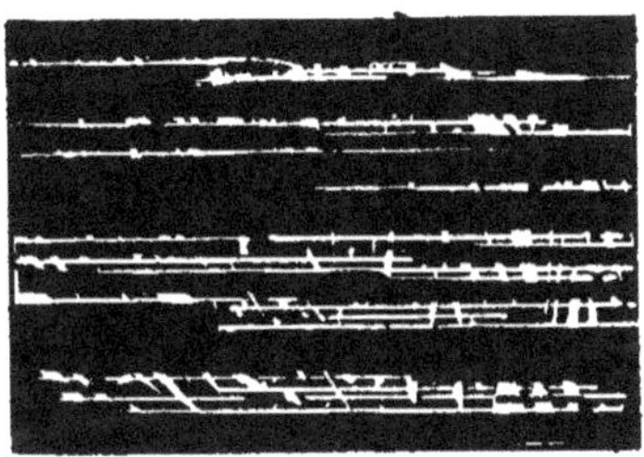

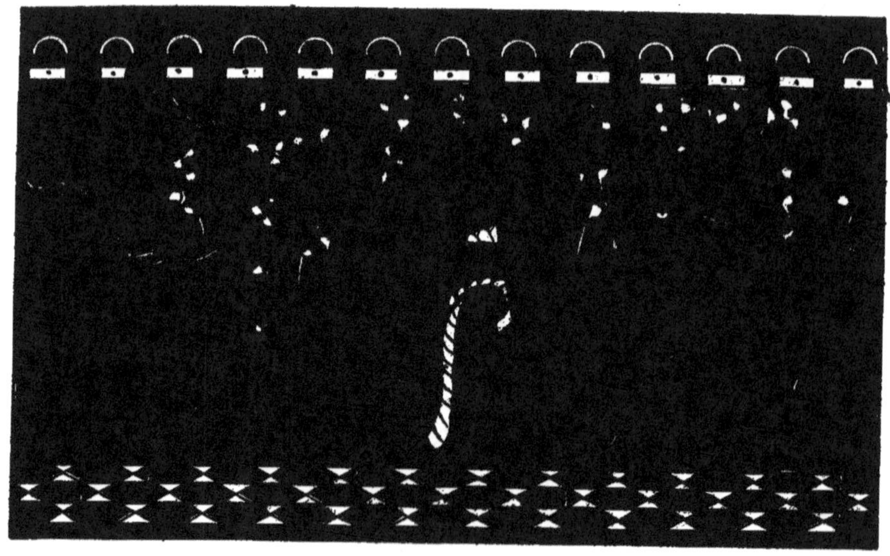

JASON ET MÉDÉE

A Gustave Moreau.

En un calme enchanté, sous l'ample frondaison
  De la forêt, berceau des antiques alarmes,
Une aube merveilleuse avivait de ses larmes,
Autour d'eux, une étrange et riche floraison.

Par l'air magique où flotte un parfum de poison,
Sa parole semait la puissance des charmes;
Le Héros la suivait et sur ses belles armes
Secouait les éclairs de l'illustre Toison.

Illuminant les bois d'un vol de pierreries,
De grands oiseaux passaient sous les voûtes fleuries
Et dans les lacs d'argent pleuvait l'azur des cieux.

L'Amour leur souriait ; mais la fatale Épouse
Emportait avec elle et sa fureur jalouse
Et les philtres d'Asie et son père et les Dieux.

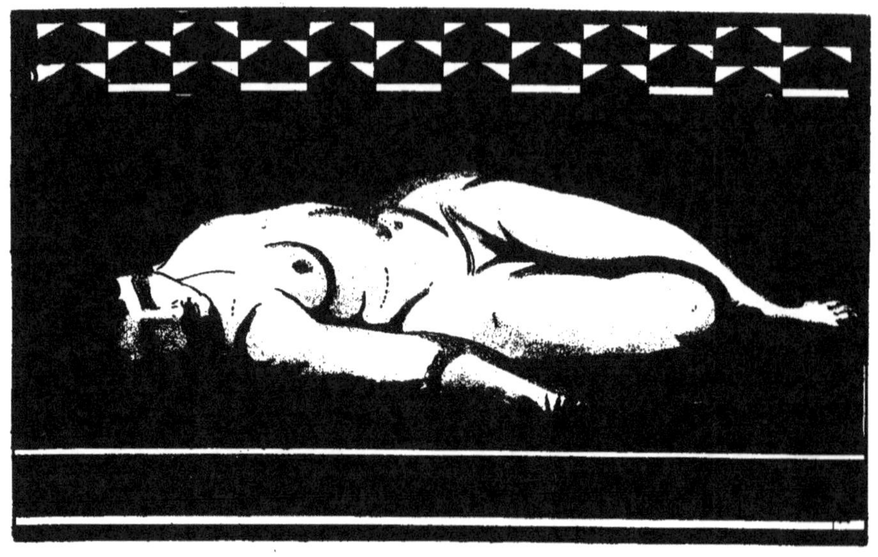

LE THERMODON

Vers Thémiscyre en feu qui tout le jour trembla
  Des clameurs et du choc de la cavalerie,
Dans l'ombre, morne et lent, le Thermodon charrie
Cadavres, armes, chars que la mort y roula.

Où sont Phœbé, Marpé, Philippis, Aella,
Qui, suivant Hippolyte et l'ardente Astérie,
Menèrent l'escadron royal à la tuerie?
Leurs corps déchevelés et blêmes gisent là.

Telle une floraison de lys géants fauchée,
La rive est aux deux bords de guerrières jonchée
Où, parfois, se débat et hennit un cheval;

Et l'Euxin vit, à l'aube, aux plus lointaines berges
Du fleuve ensanglanté d'amont jusqu'en aval,
Fuir des étalons blancs rouges du sang des Vierges.

ARTÉMIS
ET LES NYMPHES

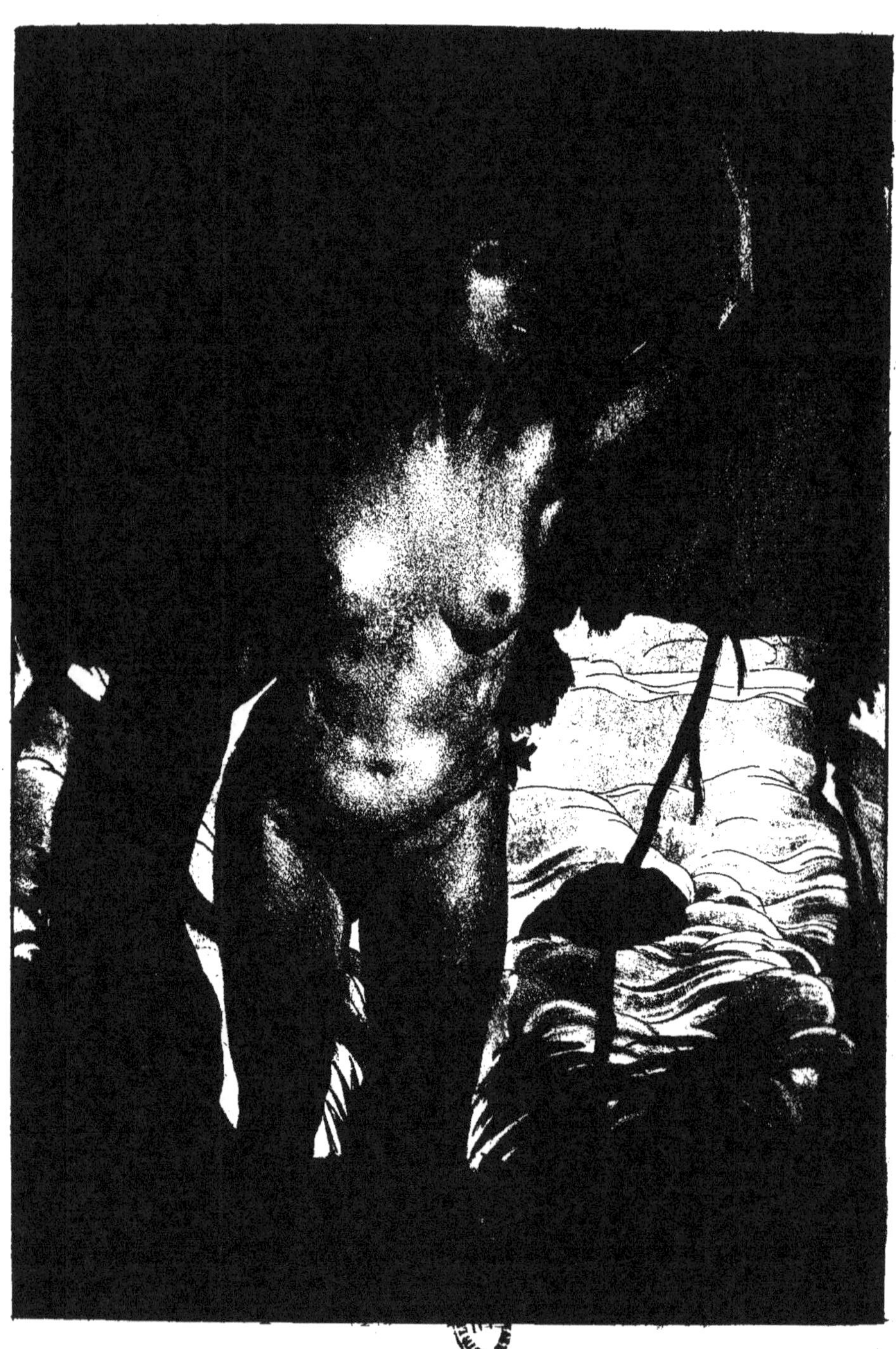

ARTÉMIS

L'ACRE senteur des bois montant de toutes parts,
Chasseresse, a gonflé ta narine élargie,
Et, dans ta virginale et virile énergie,
Rejetant tes cheveux en arrière, tu pars !

Et du rugissement des rauques léopards
Jusqu'à la nuit tu fais retentir Ortygie,
Et bondis à travers la haletante orgie
Des grands chiens éventrés sur l'herbe rouge épars.

Et, bien plus, il te plaît, Déesse, que la ronce
Te morde et que la dent ou la griffe s'enfonce
Dans tes bras glorieux que le fer a vengés;

Car ton cœur veut goûter cette douceur cruelle
De mêler, en tes jeux, une pourpre immortelle
Au sang horrible et noir des monstres égorgés.

LA CHASSE

L^E quadrige, au galop de ses étalons blancs,
Monte au faîte du ciel, et les chaudes haleines
Ont fait onduler l'or bariolé des plaines.
La Terre sent la flamme immense ardre ses flancs.

La forêt masse en vain ses feuillages plus lents ;
Le Soleil, à travers les cimes incertaines
Et l'ombre où rit le timbre argentin des fontaines,
Se glisse, darde et luit en jeux étincelants.

C'est l'heure flamboyante où, par la ronce et l'herbe,
Bondissant au milieu des molosses, superbe,
Dans les clameurs de mort, le sang et les abois,

Faisant voler les traits de la corde tendue,
Les cheveux dénoués, haletante, éperdue,
Invincible, Artémis épouvante les bois.

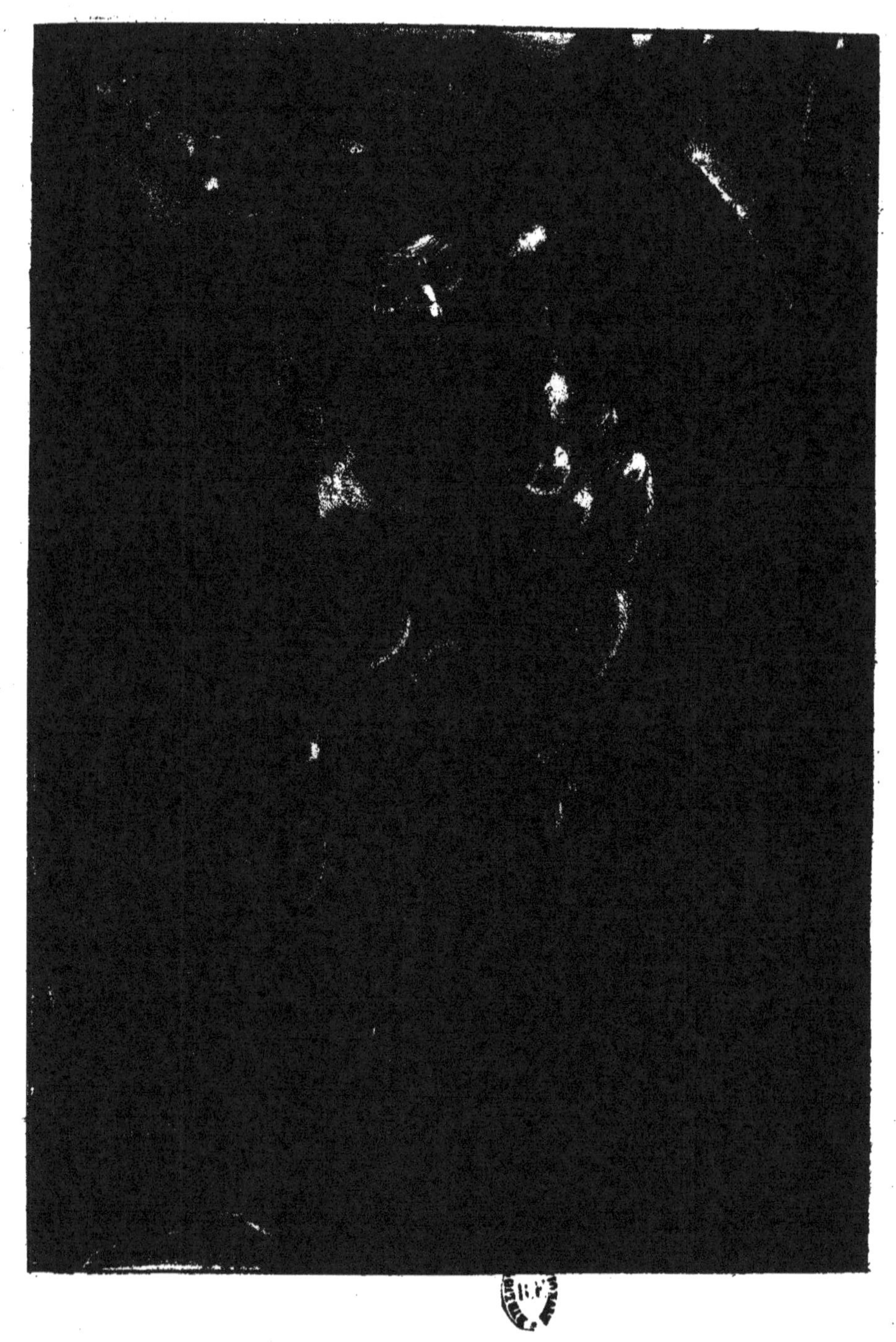

NYMPHÉE

L E quadrige céleste à l'horizon descend,
  Et, voyant fuir sous lui l'occidentale arène,
Le Dieu retient en vain de la quadruple rêne
Ses étalons cabrés dans l'or incandescent.

Le char plonge. La mer, de son soupir puissant,
Emplit le ciel sonore où la pourpre se traîne,
Et, plus clair en l'azur noir de la nuit sereine,
Silencieusement s'argente le Croissant.

Voici l'heure où la Nymphe, au bord des sources fraîches,
Jette l'arc détendu près du carquois sans flèches.
Tout se tait. Seul, un cerf brame au loin vers les eaux.

La lune tiède luit sur la nocturne danse,
Et Pan, ralentissant ou pressant la cadence,
Rit de voir son haleine animer les roseaux.

PAN

A travers les halliers, par les chemins secrets
Qui se perdent au fond des vertes avenues,
Le Chèvre-pied, divin chasseur de Nymphes nues,
Se glisse, l'œil ardent, sous les hautes forêts.

Il est doux d'écouter les soupirs, les bruits frais
Qui montent à midi des sources inconnues
Quand le Soleil, vainqueur étincelant des nues,
Dans la mouvante nuit darde l'or de ses traits.

Une Nymphe s'égare et s'arrête. Elle écoute
Les larmes du matin qui pleuvent goutte à goutte
Sur la mousse. L'ivresse emplit son jeune cœur.

Mais, d'un seul bond, le Dieu du noir taillis s'élance,
La saisit, frappe l'air de son rire moqueur,
Disparaît... Et les bois retombent au silence.

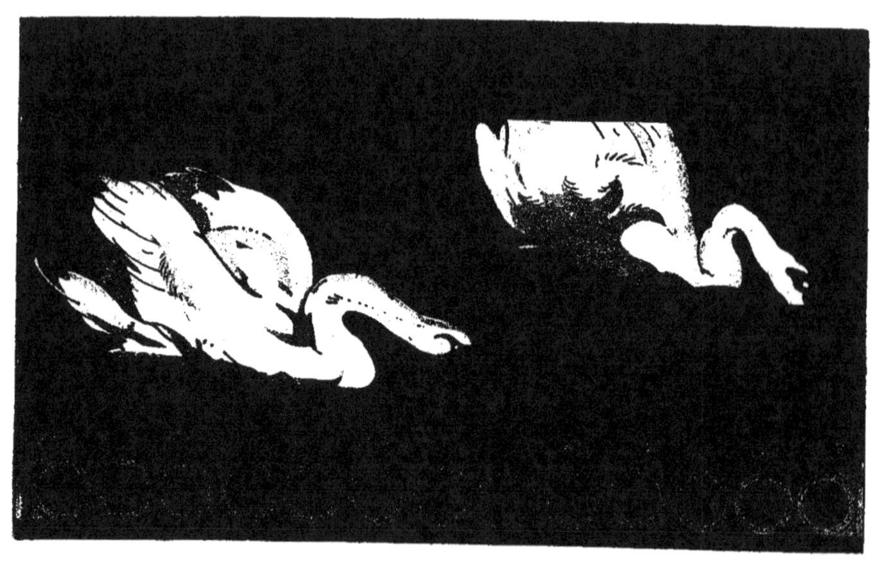

LE BAIN DES NYMPHES

C'EST un vallon sauvage abrité de l'Euxin;
  Au-dessus de la source un noir laurier se penche.
Et la Nymphe, riant, suspendue à la branche,
Frôle d'un pied craintif l'eau froide du bassin.

Ses compagnes, d'un bond, à l'appel du buccin,
Dans l'onde jaillissante où s'ébat leur chair blanche
Plongent, et de l'écume émergent une hanche,
De clairs cheveux, un torse ou la rose d'un sein.

Une gaîté divine emplit le grand bois sombre.
Mais deux yeux, brusquement, ont illuminé l'ombre.
Le Satyre!... Son rire épouvante leurs jeux;

Elles s'élancent. Tel, lorsqu'un corbeau sinistre
Croasse, sur le fleuve éperdument neigeux
S'effarouche le vol des cygnes du Caÿstre.

LE VASE

L'IVOIRE est ciselé d'une main fine et telle
Que l'on voit les forêts de Colchide et Jason
Et Médée aux grands yeux magiques. La Toison
Repose, étincelante, au sommet d'une stèle.

Auprès d'eux est couché le Nil, source immortelle
Des fleuves, et, plus loin, ivres du doux poison,
Les Bacchantes, d'un pampre à l'ample frondaison,
Enguirlandent le joug des taureaux qu'on dételle.

Au-dessous, c'est un choc hurlant de cavaliers;
Puis les héros rentrant morts sur leurs boucliers
Et les vieillards plaintifs et les larmes des mères.

Enfin, en forme d'anse arrondissant leurs flancs
Et posant aux deux bords leurs seins fermes et blancs,
Dans le vase sans fond s'abreuvent des Chimères.

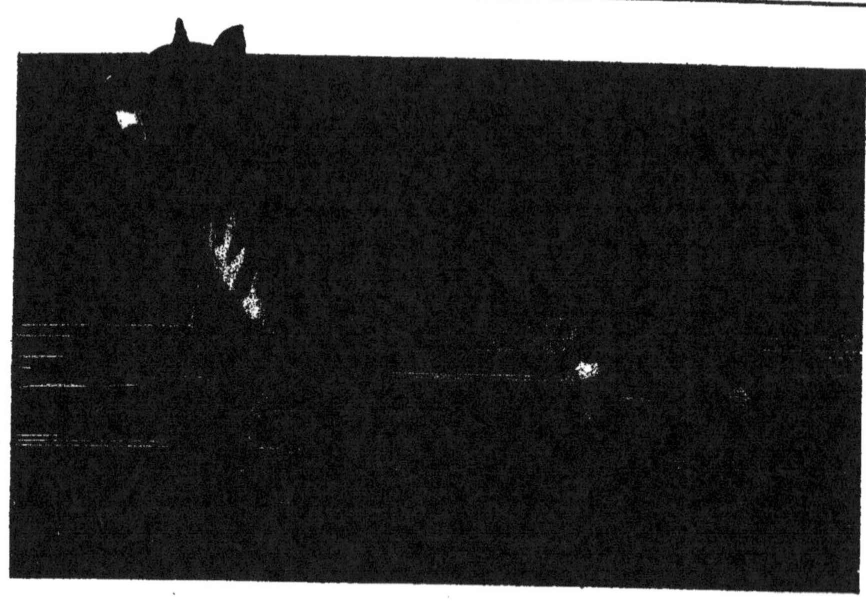

ARIANE

Au choc clair et vibrant des cymbales d'airain,
  Nue, allongée au dos d'un grand tigre, la Reine
Regarde, avec l'Orgie immense qu'il entraîne,
Iacchos s'avancer sur le sable marin.

Et le monstre royal, ployant son large rein,
Sous le poids adoré foule la blonde arène,
Et, frôlé par la main d'où pend l'errante rêne,
En rugissant d'amour mord les fleurs de son frein.

Laissant sa chevelure à son flanc qui se cambre
Parmi les noirs raisins rouler ses grappes d'ambre,
L'Épouse n'entend pas le sourd rugissement,

Et sa bouche éperdue, ivre enfin d'ambroisie,
Oubliant ses longs cris vers l'infidèle amant,
Rit au baiser prochain du Dompteur de l'Asie.

BACCHANALE

Une brusque clameur épouvante le Gange.
  Les tigres ont rompu leurs jougs et, miaulants,
Ils bondissent, et sous leurs bonds et leurs élans
Les Bacchantes en fuite écrasent la vendange.

Et le pampre que l'ongle ou la morsure effrange
Rougit d'un noir raisin les gorges et les flancs
Où près des reins rayés luisent des ventres blancs
De léopards roulés dans la pourpre et la fange.

Sur les corps convulsifs les fauves éblouis,
Avec des grondements que prolonge un long râle,
Flairent un sang plus rouge à travers l'or du hâle;

Mais le Dieu, s'enivrant à ces jeux inouïs,
Par le thyrse et les cris les exaspère et mêle
Au mâle rugissant la hurlante femelle.

LE RÉVEIL D'UN DIEU

LA chevelure éparse et la gorge meurtrie,
  Irritant par les pleurs l'ivresse de leurs sens,
Les femmes de Byblos, en lugubres accents,
Mènent la funéraire et lente théorie.

Car sur le lit jonché d'anémone fleurie
Où la Mort avait clos ses longs yeux languissants,
Repose, parfumé d'aromate et d'encens,
Le jeune homme adoré des vierges de Syrie.

Jusqu'à l'aurore ainsi le chœur s'est lamenté.
Mais voici qu'il s'éveille à l'appel d'Astarté,
L'Époux mystérieux que le cinname arrose.

Il est ressuscité, l'antique adolescent !
Et le ciel tout en fleur semble une immense rose
Qu'un Adonis céleste a teinte de son sang.

LA MAGICIENNE

En tous lieux, même au pied des autels que j'embrasse,
    Je la vois qui m'appelle et m'ouvre ses bras blancs.
O père vénérable, ô mère dont les flancs
M'ont porté, suis-je né d'une exécrable race ?

L'Eumolpide vengeur n'a point dans Samothrace
Secoué vers le seuil les longs manteaux sanglants,
Et, malgré moi, je fuis, le cœur las, les pieds lents.
J'entends les chiens sacrés qui hurlent sur ma trace.

Partout je sens, j'aspire, à moi-même odieux,
Les noirs enchantements et les sinistres charmes
Dont m'enveloppe encor la colère des Dieux;

Car les grands Dieux ont fait d'irrésistibles armes
De sa bouche enivrante et de ses sombres yeux,
Pour armer contre moi ses baisers et ses larmes.

SPHINX

Au flanc du Cithéron, sous la ronce enfoui,
Le roc s'ouvre, repaire où resplendit au centre
Par l'éclat des yeux d'or, de la gorge et du ventre,
La Vierge aux ailes d'aigle et dont nul n'a joui.

Et l'Homme s'arrêta sur le seuil, ébloui.
— Quelle est l'ombre qui rend plus sombre encor mon antre?
— L'Amour. — Es-tu le Dieu? — Je suis le Héros. — Entre;
Mais tu cherches la mort. L'oses-tu braver? — Oui.

Bellérophon dompta la Chimère farouche.
— N'approche pas. — Ma lèvre a fait frémir ta bouche.
— Viens donc! Entre mes bras tes os vont se briser;

Mes ongles dans ta chair... — Qu'importe le supplice,
Si j'ai conquis la gloire et ravi le baiser?
— Tu triomphes en vain, car tu meurs. — O délice!...

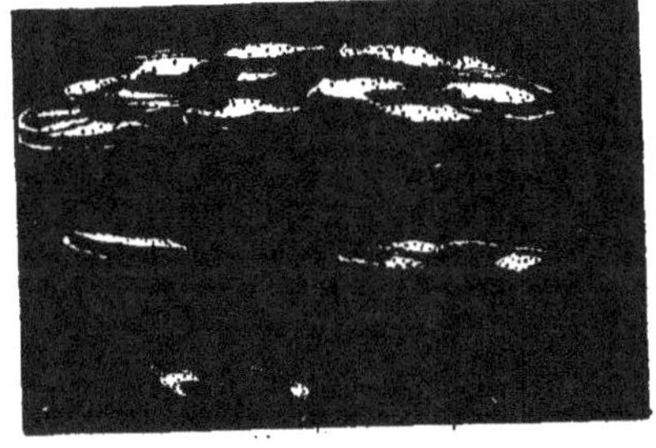

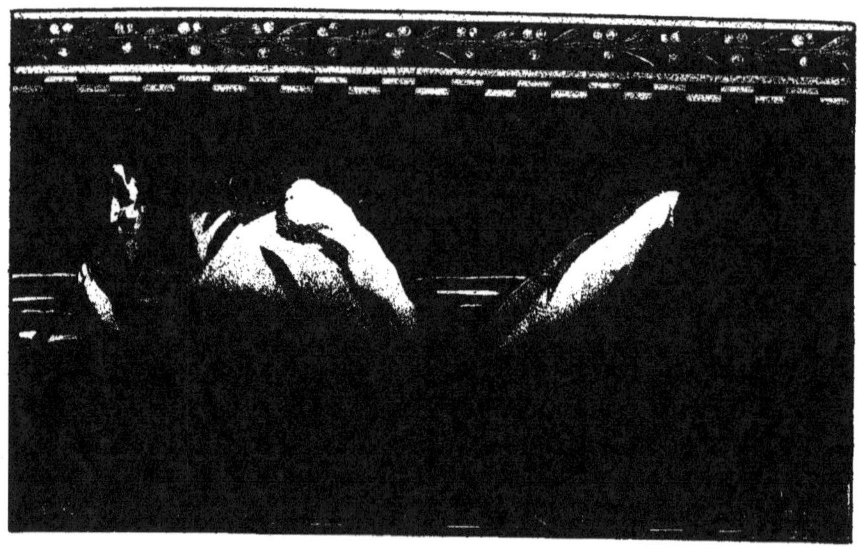

MARSYAS

LES pins du bois natal que charmait ton haleine
  N'ont pas brûlé ta chair, ô malheureux ! Tes os
Sont dissous, et ton sang s'écoule avec les eaux
Que les monts de Phrygie épanchent vers la plaine.

Le jaloux Citharède, orgueil du ciel hellène,
De son plectre de fer a brisé tes roseaux
Qui, domptant les lions, enseignaient les oiseaux ;
Il ne reste plus rien du chanteur de Célène.

Rien qu'un lambeau sanglant qui flotte au tronc de l'if
Auquel on l'a lié pour l'écorcher tout vif.
O Dieu cruel! O cris! Voix lamentable et tendre!

Non, vous n'entendrez plus, sous un doigt trop savant,
La flûte soupirer aux rives du Méandre...
Car la peau du Satyre est le jouet du vent.

PERSÉE ET ANDROMÈDE

ANDROMÈDE AU MONSTRE

La Vierge Céphéenne, hélas ! encor vivante,
Liée, échevelée, au roc des noirs îlots,
Se lamente en tordant avec de vains sanglots
Sa chair royale où court un frisson d'épouvante.

L'Océan monstrueux que la tempête évente
Crache à ses pieds glacés l'âcre bave des flots,
Et partout elle voit, à travers ses cils clos,
Bâiller la gueule glauque, innombrable et mouvante.

Tel qu'un éclat de foudre en un ciel sans éclair,
Tout à coup, retentit un hennissement clair.
Ses yeux s'ouvrent. L'horreur les emplit, et l'extase ;

Car elle a vu, d'un vol vertigineux et sûr,
Se cabrant sous le poids du fils de Zeus, Pégase
Allonger sur la mer sa grande ombre d'azur.

PERSÉE ET ANDROMÈDE

Au milieu de l'écume arrêtant son essor,
Le Cavalier vainqueur du monstre et de Méduse,
Ruisselant d'une bave horrible où le sang fuse,
Emporte entre ses bras la vierge aux cheveux d'or.

Sur l'étalon divin, frère de Chrysaor,
Qui piaffe dans la mer et hennit et refuse,
Il a posé l'Amante éperdue et confuse
Qui lui rit et l'étreint et qui sanglote encor.

Il l'embrasse. La houle enveloppe leur groupe.
Elle, d'un faible effort, ramène sur la croupe
Ses beaux pieds qu'en fuyant baise un flot vagabond ;

Mais Pégase irrité par le fouet de la lame,
A l'appel du Héros s'enlevant d'un seul bond,
Bat le ciel ébloui de ses ailes de flamme.

LE RAVISSEMENT D'ANDROMÈDE

D'UN vol silencieux, le grand Cheval ailé
    Soufflant de ses naseaux élargis l'air qui fume,
Les emporte avec un frémissement de plume
A travers la nuit bleue et l'éther étoilé.

Ils vont. L'Afrique plonge au gouffre flagellé,
Puis l'Asie... un désert... le Liban ceint de brume...
Et voici qu'apparaît, toute blanche d'écume,
La mer mystérieuse où vint sombrer Hellé.

Et le vent gonfle ainsi que deux immenses voiles
Les ailes qui, volant d'étoiles en étoiles,
Aux amants enlacés font un tiède berceau ;

Tandis que, l'œil au ciel où palpite leur ombre,
Ils voient, irradiant du Bélier au Verseau,
Leurs Constellations poindre dans l'azur sombre.

ÉPIGRAMMES
ET BUCOLIQUES

LE CHEVRIER

O berger, ne suis pas dans cet âpre ravin
Les bonds capricieux de ce bouc indocile ;
Aux pentes du Ménale, où l'été nous exile,
La nuit monte trop vite et ton espoir est vain.

Restons ici, veux-tu ? J'ai des figues, du vin.
Nous attendrons le jour en ce sauvage asile.
Mais parle bas. Les Dieux sont partout, ô Mnasyle.
Hécate nous regarde avec son œil divin.

Ce trou d'ombre là-bas est l'antre où se retire
Le démon familier des hauts lieux, le Satyre ;
Peut-être il sortira, si nous ne l'effrayons.

Entends-tu le pipeau qui chante sur ses lèvres ?
C'est lui ! Sa double corne accroche les rayons,
Et, vois, au clair de lune il fait danser mes chèvres !

LES BERGERS

Viens. Le sentier s'enfonce aux gorges du Cyllène.
Voici l'antre et la source, et c'est là qu'il se plaît
A dormir sur un lit d'herbe et de serpolet
A l'ombre du grand pin où chante son haleine.

Attache à ce vieux tronc moussu la brebis pleine.
Sais-tu qu'avant un mois, avec son agnelet,
Elle lui donnera des fromages, du lait?
Les Nymphes fileront un manteau de sa laine.

Sois-nous propice, Pan ! ô Chèvre-pied, gardien
Des troupeaux que nourrit le mont Arcadien,
Je t'invoque... Il entend ! J'ai vu tressaillir l'arbre.

Partons. Le soleil plonge au couchant radieux.
Le don du pauvre, ami, vaut un autel de marbre,
Si d'un cœur simple et pur l'offrande est faite aux Dieux.

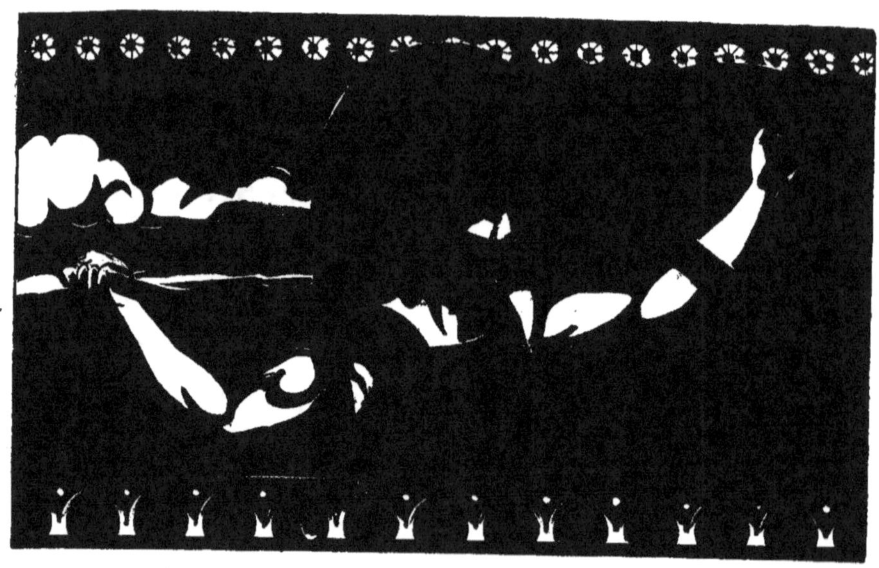

ÉPIGRAMME VOTIVE

Au rude Arès! A la belliqueuse Discorde!
Aide-moi, je suis vieux, à suspendre au pilier
Mes glaives ébréchés et mon lourd bouclier,
Et ce casque rompu qu'un crin sanglant déborde.

Joins-y cet arc. Mais, dis, convient-il que je torde
Le chanvre autour du bois? — c'est un dur néflier
Que nul autre jamais n'a su faire plier —
Ou que d'un bras tremblant je tende encor la corde?

Prends aussi le carquois. Ton œil semble chercher
En leur gaine de cuir les armes de l'archer,
Les flèches que le vent des batailles disperse;

Il est vide. Tu crois que j'ai perdu mes traits?
Au champ de Marathon tu les retrouverais,
Car ils y sont restés dans la gorge du Perse.

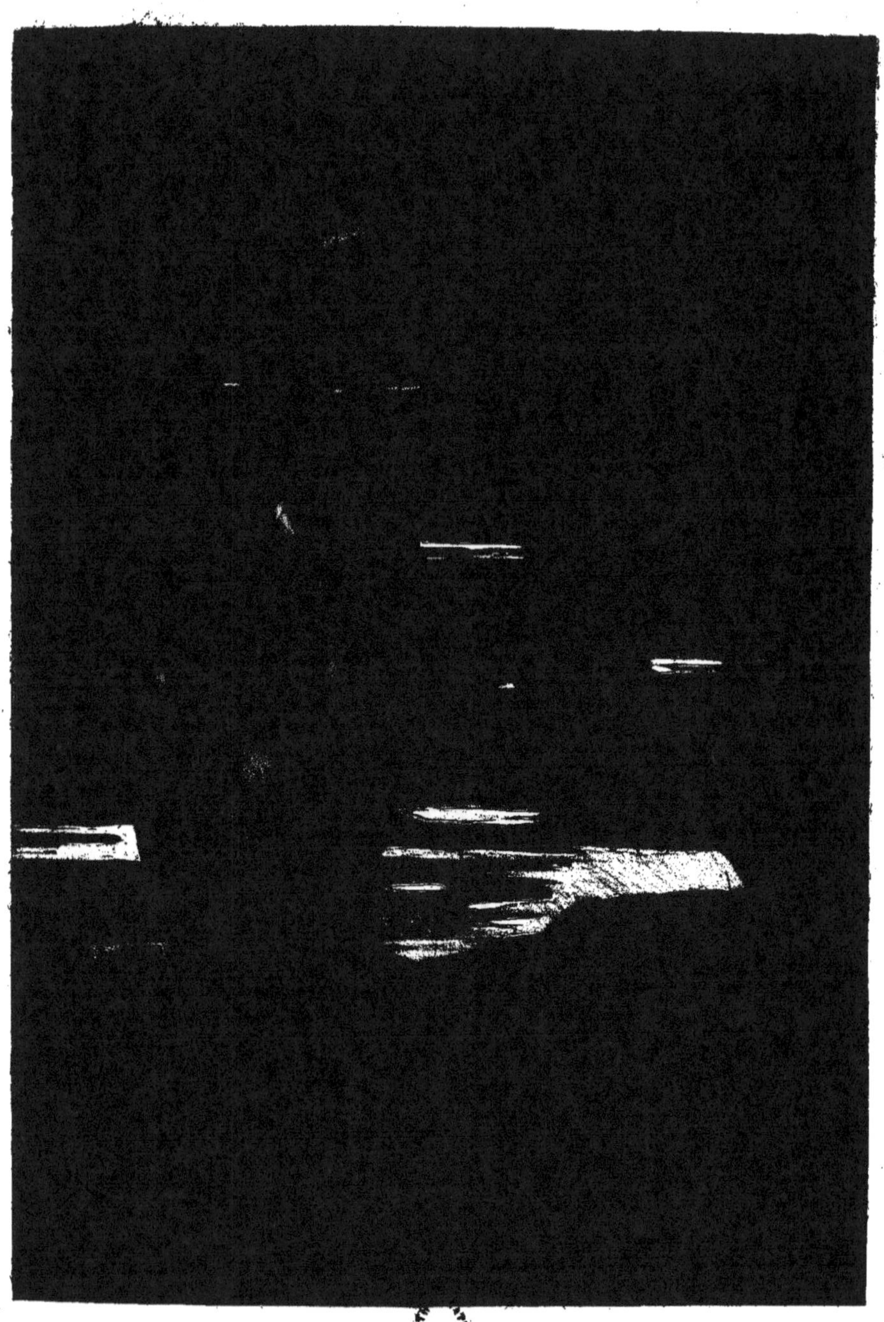

ÉPIGRAMME FUNÉRAIRE

Ici gît, Étranger, la verte sauterelle
Que durant deux saisons nourrit la jeune Hellé,
Et dont l'aile vibrant sous le pied dentelé
Bruissait dans le pin, le cytise ou l'airelle.

Elle s'est tue, hélas! la lyre naturelle,
La muse des guérets, des sillons et du blé;
De peur que son léger sommeil ne soit troublé,
Ah! passe vite, ami, ne pèse point sur elle.

C'est là. Blanche, au milieu d'une touffe de thym,
Sa pierre funéraire est fraîchement posée.
Que d'hommes n'ont pas eu ce suprême destin !

Des larmes d'un enfant sa tombe est arrosée,
Et l'Aurore pieuse y fait chaque matin
Une libation de gouttes de rosée.

LE NAUFRAGÉ

Avec la brise en poupe et par un ciel serein,
Voyant le Phare fuir à travers la mâture,
Il est parti d'Égypte au lever de l'Arcture,
Fier de sa nef rapide aux flancs doublés d'airain.

Il ne reverra plus le môle Alexandrin.
Dans le sable où pas même un chevreau ne pâture
La tempête a creusé sa triste sépulture ;
Le vent du large y tord quelque arbuste marin.

Au pli le plus profond de la mouvante dune,
En la nuit sans aurore et sans astre et sans lune,
Que le navigateur trouve enfin le repos.

O Terre, ô Mer, pitié pour son Ombre anxieuse !
Et sur la rive hellène, où sont venus ses os,
Soyez-lui, toi, légère, et toi, silencieuse.

LA PRIÈRE DU MORT

ARRÊTE! Écoute-moi, voyageur. Si tes pas
Te portent vers Cypsèle et les rives de l'Hèbre,
Cherche le vieil Hyllos et dis-lui qu'il célèbre
Un long deuil pour le fils qu'il ne reverra pas.

Ma chair assassinée a servi de repas
Aux loups. Le reste gît en ce hallier funèbre.
Et l'Ombre errante aux bords que l'Érèbe enténèbre
S'indigne et pleure. Nul n'a vengé mon trépas.

Pars donc. Et si jamais, à l'heure où le jour tombe,
Tu rencontres au pied d'un tertre ou d'une tombe
Une femme au front blanc que voile un noir lambeau ;

Approche-toi, ne crains ni la nuit ni les charmes ;
C'est ma mère, Étranger, qui sur un vain tombeau
Embrasse une urne vide et l'emplit de ses larmes.

L'ESCLAVE

Tel, nu, sordide, affreux, nourri des plus vils mets,
Esclave — vois, mon corps en a gardé les signes —
Je suis né libre au fond du golfe aux belles lignes
Où l'Hybla plein de miel mire ses bleus sommets.

J'ai quitté l'île heureuse, hélas!... Ah! si jamais
Vers Syracuse et les abeilles et les vignes
Tu retournes, suivant le vol vernal des cygnes,
Cher hôte, informe-toi de celle que j'aimais.

Reverrai-je ses yeux de sombre violette,
Si purs, sourire au ciel natal qui s'y reflète
Sous l'arc victorieux que tend un sourcil noir ?

Sois pitoyable ! Pars, va, cherche Cléariste
Et dis-lui que je vis encor pour la revoir.
Tu la reconnaîtras, car elle est toujours triste.

LE LABOUREUR

L E semoir, la charrue, un joug, des socs luisants,
La herse, l'aiguillon et la faulx acérée
Qui fauchait en un jour les épis d'une airée,
Et la fourche qui tend la gerbe aux paysans ;

Ces outils familiers, aujourd'hui trop pesants,
Le vieux Parmis les voue à l'immortelle Rhée
Par qui le germe éclôt sous la terre sacrée.
Pour lui, sa tâche est faite ; il a quatre-vingts ans.

Près d'un siècle, au soleil, sans en être plus riche,
Il a poussé le coutre au travers de la friche;
Ayant vécu sans joie, il vieillit sans remords.

Mais il est las d'avoir tant peiné sur la glèbe
Et songe que peut-être il faudra, chez les morts,
Labourer des champs d'ombre arrosés par l'Érèbe.

A HERMÈS CRIOPHORE

Pour que le compagnon des Naïades se plaise
     A rendre la brebis agréable au bélier
Et qu'il veuille par lui sans fin multiplier
L'errant troupeau qui broute aux berges du Galèse ;

Il faut lui faire fête et qu'il se sente à l'aise
Sous le toit de roseaux du pâtre hospitalier ;
Le sacrifice est doux au Démon familier
Sur la table de marbre ou sur un bloc de glaise.

Donc, honorons Hermès. Le subtil Immortel
Préfère à la splendeur du temple et de l'autel
La main pure immolant la victime impollue.

Ami, dressons un tertre aux bornes de ton pré
Et qu'un vieux bouc, du sang de sa gorge velue,
Fasse l'argile noire et le gazon pourpré.

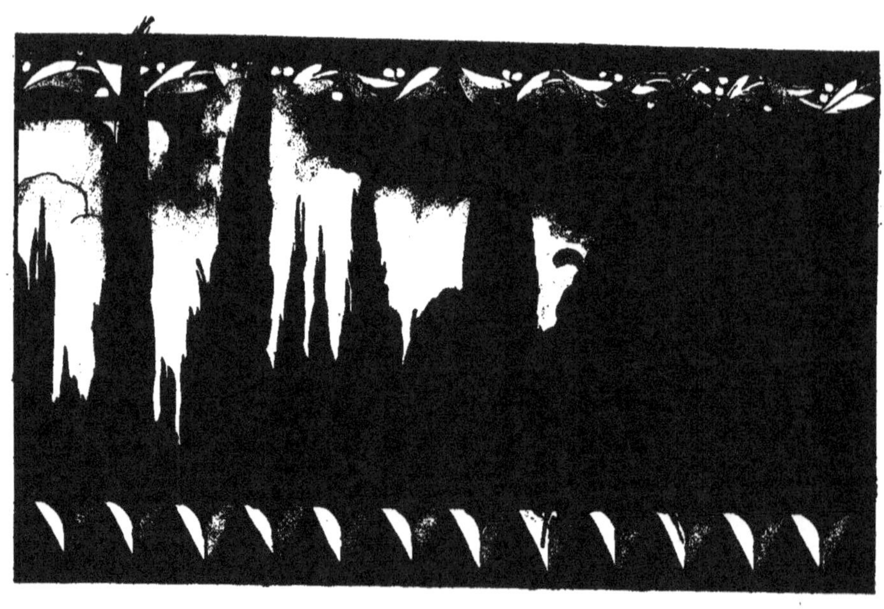

LA JEUNE MORTE

Qui que tu sois, Vivant, passe vite parmi
    L'herbe du tertre où gît ma cendre inconsolée ;
Ne foule point les fleurs de l'humble mausolée
D'où j'écoute ramper le lierre et la fourmi.

Tu t'arrêtes ? Un chant de colombe a gémi.
Non ! qu'elle ne soit pas sur ma tombe immolée !
Si tu veux m'être cher, donne-lui la volée.
La vie est si douce, ah ! laisse-la vivre, ami.

Le sais-tu? Sous le myrte enguirlandant la porte,
Épouse et vierge, au seuil nuptial, je suis morte,
Si proche et déjà loin de celui que j'aimais.

Mes yeux se sont fermés à la lumière heureuse,
Et maintenant j'habite, hélas! et pour jamais,
L'inexorable Érèbe et la Nuit Ténébreuse.

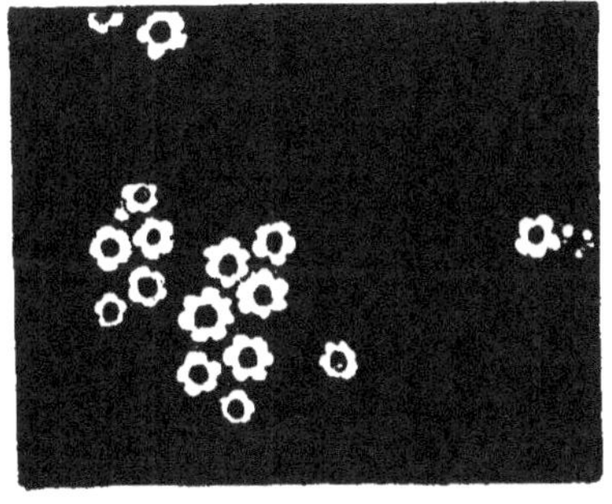

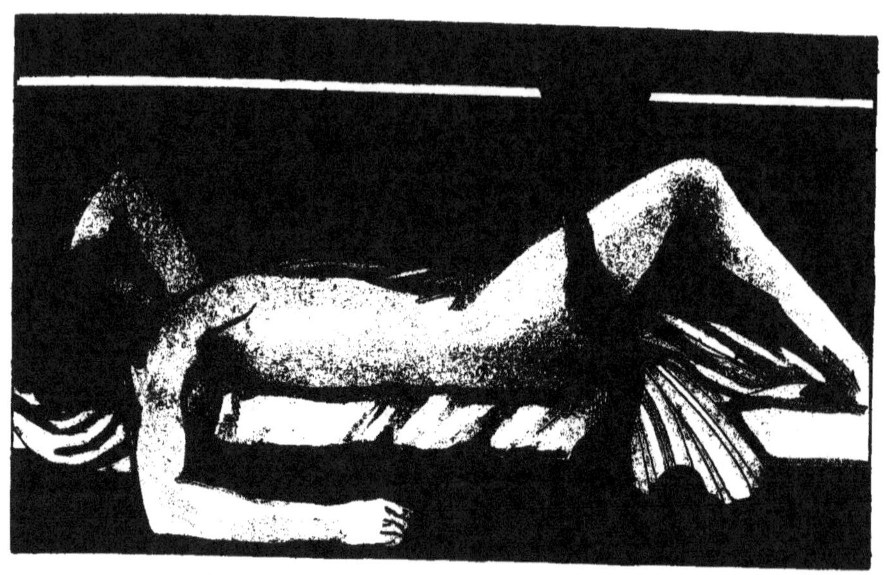

REGILLA

Passant, ce marbre couvre Annia Regilla
    Du sang de Ganymède et d'Aphrodite née.
Le noble Hérode aima cette fille d'Énée.
Heureuse, jeune et belle, elle est morte. Plains-la.

Car l'Ombre dont le corps délicieux gît là,
Chez le prince infernal de l'Ile Fortunée
Compte les jours, les mois et la si longue année
Depuis que loin des siens la Parque l'exila.

Hanté du souvenir de sa forme charmante,
L'Époux désespéré se lamente et tourmente
La pourpre sans sommeil du lit d'ivoire et d'or.

Il tarde. Il ne vient pas. Et l'âme de l'Amante,
Anxieuse, espérant qu'il vienne, vole encor
Autour du sceptre noir que lève Rhadamanthe.

LE COUREUR

TEL que Delphes l'a vu quand, Thymos le suivant,
   Il volait par le stade aux clameurs de la foule,
Tel Ladas court encor sur le socle qu'il foule
D'un pied de bronze, svelte et plus vif que le vent.

Le bras tendu, l'œil fixe et le torse en avant,
Une sueur d'airain à son front perle et coule ;
On dirait que l'athlète a jailli hors du moule,
Tandis que le sculpteur le fondait, tout vivant.

Il palpite, il frémit d'espérance et de fièvre,
Son flanc halète, l'air qu'il fend manque à sa lèvre
Et l'effort fait saillir ses muscles de métal ;

L'irrésistible élan de la course l'entraîne
Et, passant par-dessus son propre piédestal,
Vers la palme et le but il va fuir dans l'arène.

LE COCHER

ÉTRANGER, celui qui, debout au timon d'or,
  Maîtrise d'une main par leur quadruple rêne
Ses chevaux noirs et tient de l'autre un fouet de frêne,
Guide un quadrige mieux que le héros Castor.

Issu d'un père illustre et plus illustre encor...
Mais vers la borne rouge où la course l'entraîne,
Il part, semant déjà ses rivaux sur l'arène,
Le Libyen hardi cher à l'Autocrator.

Dans le cirque ébloui, vers le but et la palme,
Sept fois, triomphateur vertigineux et calme,
Il a tourné. Salut, fils de Calchas le Bleu !

Et tu vas voir, si l'œil d'un mortel peut suffire
A cette apothéose où fuit un char de feu,
La Victoire voler pour rejoindre Porphyre.

SUR L'OTHRYS

L'AIR fraîchit. Le soleil plonge au ciel radieux.
Le bétail ne craint plus le taon ni le bupreste.
Aux pentes de l'Othrys l'ombre est plus longue. Reste,
Reste avec moi, cher hôte envoyé par les Dieux.

Tandis que tu boiras un lait fumant, tes yeux
Contempleront du seuil de ma cabane agreste,
Des cimes de l'Olympe aux neiges du Tymphreste,
La riche Thessalie et les monts glorieux.

Vois la mer et l'Eubée et, rouge au crépuscule,
Le Callidrome sombre et l'Œta, dont Hercule
Fit son bûcher suprême et son premier autel;

Et là-bas, à travers la lumineuse gaze,
Le Parnasse où, le soir, las d'un vol immortel,
Se pose, et d'où s'envole, à l'aurore, Pégase!

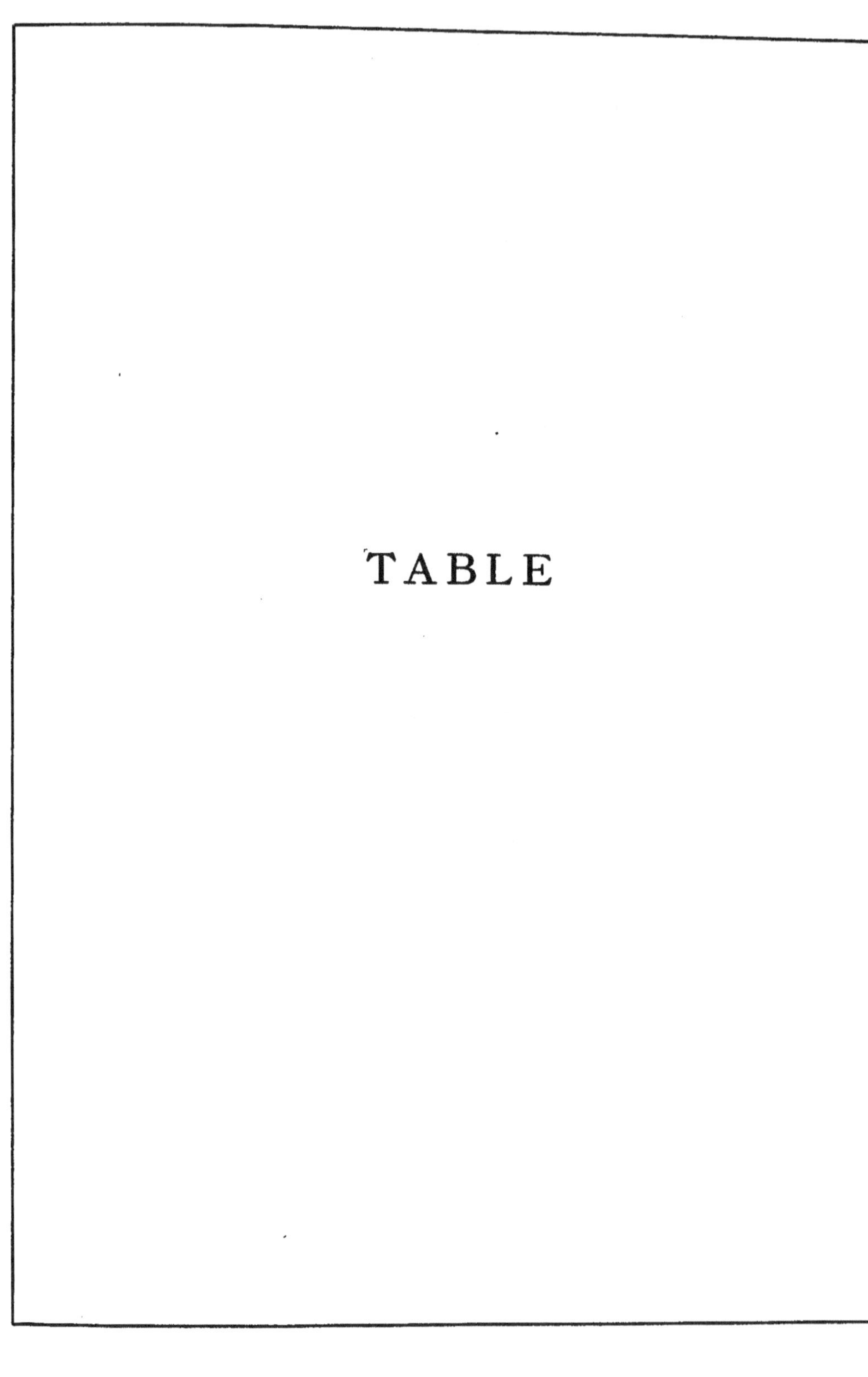
TABLE

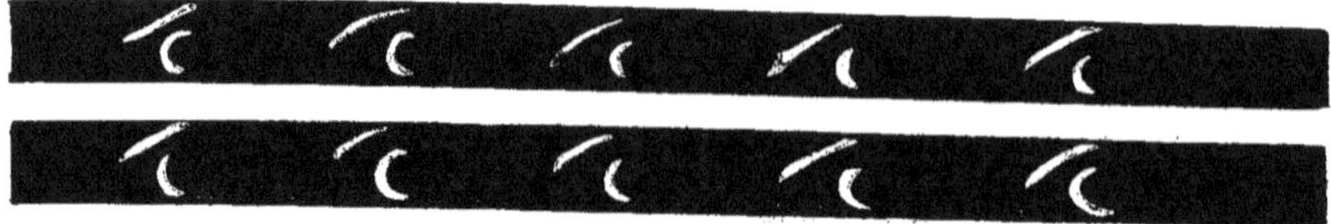

TABLE

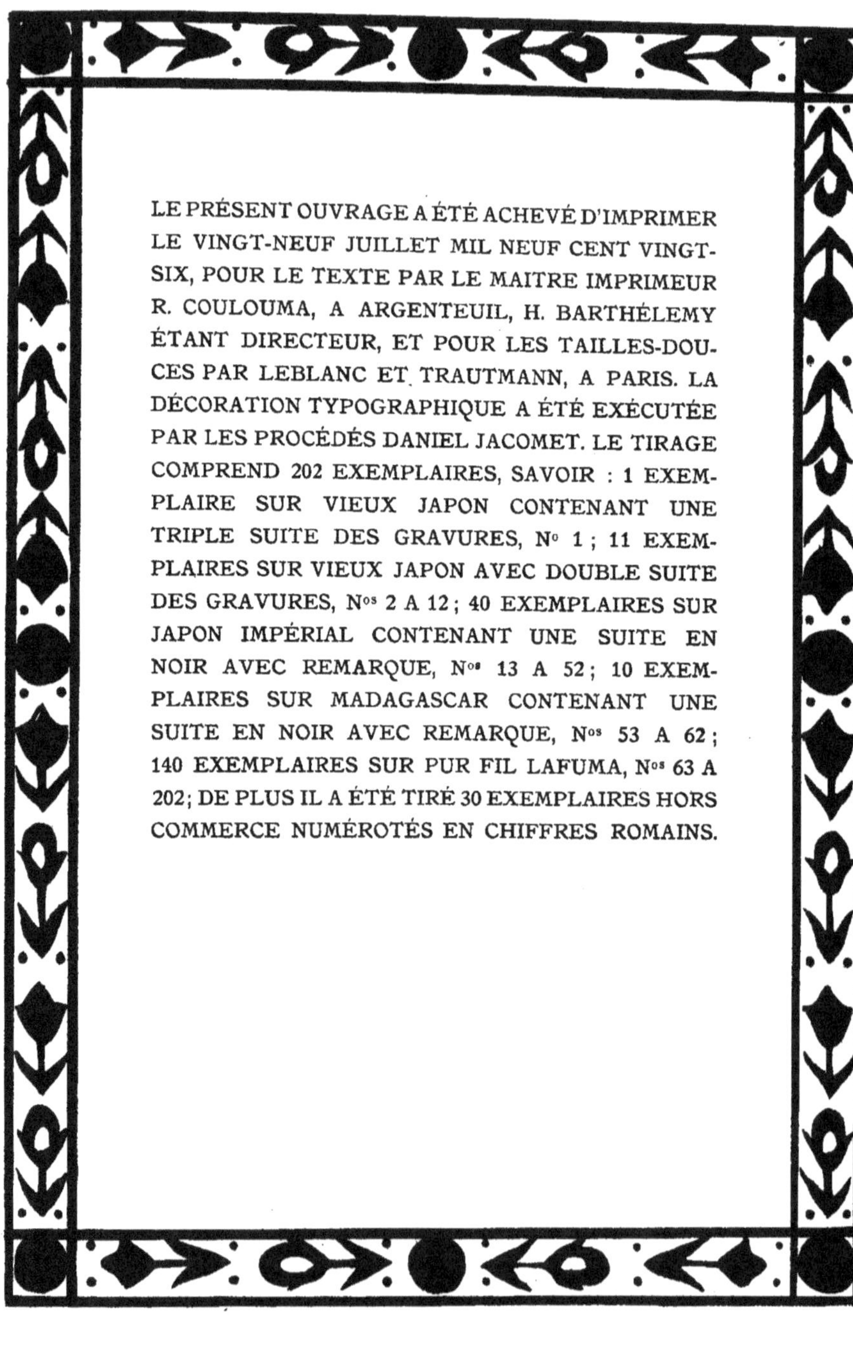

LE PRÉSENT OUVRAGE A ÉTÉ ACHEVÉ D'IMPRIMER LE VINGT-NEUF JUILLET MIL NEUF CENT VINGT-SIX, POUR LE TEXTE PAR LE MAITRE IMPRIMEUR R. COULOUMA, A ARGENTEUIL, H. BARTHÉLEMY ÉTANT DIRECTEUR, ET POUR LES TAILLES-DOUCES PAR LEBLANC ET TRAUTMANN, A PARIS. LA DÉCORATION TYPOGRAPHIQUE A ÉTÉ EXÉCUTÉE PAR LES PROCÉDÉS DANIEL JACOMET. LE TIRAGE COMPREND 202 EXEMPLAIRES, SAVOIR : 1 EXEMPLAIRE SUR VIEUX JAPON CONTENANT UNE TRIPLE SUITE DES GRAVURES, N⁰ 1 ; 11 EXEMPLAIRES SUR VIEUX JAPON AVEC DOUBLE SUITE DES GRAVURES, Nᵒˢ 2 A 12 ; 40 EXEMPLAIRES SUR JAPON IMPÉRIAL CONTENANT UNE SUITE EN NOIR AVEC REMARQUE, Nᵒˢ 13 A 52 ; 10 EXEMPLAIRES SUR MADAGASCAR CONTENANT UNE SUITE EN NOIR AVEC REMARQUE, Nᵒˢ 53 A 62 ; 140 EXEMPLAIRES SUR PUR FIL LAFUMA, Nᵒˢ 63 A 202 ; DE PLUS IL A ÉTÉ TIRÉ 30 EXEMPLAIRES HORS COMMERCE NUMÉROTÉS EN CHIFFRES ROMAINS.

www.ingramcontent.com/pod-product-compliance
Lightning Source LLC
LaVergne TN
LVHW011441180726
843503LV00002BA/845